BEI GRIN MACHT SICH IHR WISSEN BEZAHLT

Bibliografische Information der Deutschen Nationalbibliothek:

Die Deutsche Bibliothek verzeichnet diese Publikation in der Deutschen National-bibliografie; detaillierte bibliografische Daten sind im Internet über http://dnb.d-nb.de/ abrufbar.

Impressum:

Copyright © 2014 GRIN Verlag, Open Publishing GmbH
Druck und Bindung: Books on Demand GmbH, Norderstedt Germany
ISBN: 978-3-668-03174-6

Dieses Buch bei GRIN:

http://www.grin.com/de/e-book/303264/neptunbrunnen-der-renaissance-in-deutschland-und-italien-die-darstellung

Luise Seemann

Neptunbrunnen der Renaissance in Deutschland und Italien. Die Darstellung der Sagen und Mythen um Poseidons Gefolge

GRIN Verlag

GRIN - Your knowledge has value

Der GRIN Verlag publiziert seit 1998 wissenschaftliche Arbeiten von Studenten, Hochschullehrern und anderen Akademikern als eBook und gedrucktes Buch. Die Verlagswebsite www.grin.com ist die ideale Plattform zur Veröffentlichung von Hausarbeiten, Abschlussarbeiten, wissenschaftlichen Aufsätzen, Dissertationen und Fachbüchern.

Ernst-Moritz-Arndt-Universität Greifswald

Caspar-David-Friedrich-Institut

Ikonografie – Antike Götter und Mythen

WS 2012 /2013

Hausarbeit zum Thema:

„Neptun/Poseidon und sein Gefolge vorgestellt anhand von vier

monumentalen Brunnen des Barock und der Renaissance aus Deutschland

und Italien"

Seemann, Luise

Lehramt Gymnasium

Inhaltsverzeichnis

Abbildungsverzeichnis

1. Einleitung

Poseidon/Neptun ist der Gott des Meeres. Er ist der Sohn des Kronos und der Rhea sowie der Bruder der Hestia, Demeter, Hera sowie des Hades und Zeus. Mit seinem Dreizack beherrscht er die wogenden Wassermassen, aber er wird auch der *Erderschütterer* und *Pferdebändiger genannt*. Zu seinem Gefolge gehören Geschöpfe des Meeres, darunter Tritonen, Nereiden und Seeungeheuer, aber auch die Tiere des Meeres, wie Delphine, Seelöwen und Hippokampi. Durch seinen ungestümen Charakter, der die größten Mächte in kürzester Zeit entfesseln kann, aber auch mit einem Blick wieder den Frieden bringen kann, ist er für die Menschen ein Symbol der Macht, des Friedens und wurde vor allem von Seefahrern besänftigend angebetet. Darum fand er in vielen künstlerischen Darstellungen hohe Beachtung, besonders naheliegend sind jedoch Brunnendarstellungen, auf Grund der Nähe zum Element. In dieser Teilverschriftlichung des Refrats zum Thema: „Neptun/Poseidon und sein Gefolge vorgestellt anhand von vier monumentalen Brunnen des Barock und der Renaissance aus Deutschland und Italien", soll gezeigt werden, welche mythologischen Persönlichkeiten zu Poseidons Gefolge gehören und ihre Sagen und Mythen in einen Zusammenhang gebracht werden. Dies soll anhand der Betrachtung von vier monumentalen Brunnenanlagen geschehen. Dafür wurden die zwei italienischen Brunnen in Florenz und Bologna, sowie die zwei deutschen Brunnen in Dresden und Nürnberg ausgewählt. Zur verwendeten Literatur zählt hauptsächlich Herbert Jennings Roses: „Griechische Mythologie", Otto Seemanns: „Mythologie der Griechen und Römer" und Angelo Walthers: „Von Göttern, Nymphen und Heroen. Die Mythen der Antike in der bildenden Kunst"

2. Neptun/Poseidon

Am Anfang war das Chaos, aus diesem entstanden Gaia (die Erde), Eros (die Liebe), Tartaros (die Unterwelt), Erebos (die Finsternis) und Nyx (die Nacht). Aus der Erde wurden Pontos (das Meer) und Uranos (der Himmel) geboren. Dann „vermählte sich die Erde mit dem Himmel und brachte den Okeanos mit seinen tiefen Strudeln hervor, ferner Koios, Krios, Hyperion, Iapetos, Theia, Rhea, Themis, Mnemosyne, die goldbekränzte Phoib und die liebliche Tethys. Als letzter nach diesen, wurde der starke Kronos geboren."[1] Dies sind die 12 Titanen, außerdem wurden noch 3 Kyklopen und 3 Hundertarmige geboren. Kronos und Rhea gebaren dann Hestia, Demeter, Hera, Hades, Poseidon und Zeus. Es wurde Kronos verkündet, dass seine Kinder ihn überwältigen würden, weshalb er sie verschlang. „Als Rhea aber ihr jüngstes Kind, Zeus, gebar verbarg sie es und gab seinem Vater stattdessen einen in Windeln gewickelten Stein."[2] So wurde es Zeus ermöglich aufzuwachsen und schließlich seinen Vater zu besiegen und seine Geschwister zu retten. Durch diese Tat hat sich Zeus die Herrschaft erkämpft. Poseidon fällt das Herrschaftsgebiet des Meeres zu und Hades das der Unterwelt. „Poseidon verdankt also die Herrschaft über das Meer und die Meeresgötter seinem Bruder und ist ihm deshalb unterthänig. Sein gewöhnlicher Aufenthalt ist nicht der Olymos, sondern die Tiefe des Meeres, wo er in der Nähe der Insel Aegae (...) einen goldenen Palast bewohnt."[3] Eine andere Sage besagt, dass die Herrschaftsbereiche unter den Brüdern ausgelost wurden. Poseidon erscheint meist auf seinem Wagen mit seinen beiden Wunderrossen mit goldener Mähne, die Rosse Xantos und Balios, die er Achills Vater Peleus als Hochzeitsgabe schenkte. Zu Zeiten Homers ist die Wagenfahrt eine adlige Form. Poseidons Natur liegt im Grunde zwischen der von Zeus und Hades. Neben Zeus ist Poseidon dunkel und länger mit Tierformen verbunden, doch ist er nicht so dunkel wie Hades, der die Unterwelt beherrscht und den Gegensatz zu Zeus darstellt. Darum eignet sich der Herrschaftsbereich des Meeres für Poseidon wohl am besten. Das Zeichen seiner Macht ist der Dreizack. „Ungestüm und gewaltthätig ist er wie das Element, das er vertritt. Wenn er mit seinem Dreizack, dem Abzeichen seiner Herrscherwürde, in das Meer stößt, so erheben sich die Wogen mit Ungestüm, zerschmettern die Schiffe und überfluten weithin das Land. Ebenso vermag er Erdbeben zu erregen, Felsen zu stürzen und Inseln aus der Tiefe sich erheben zu lassen. Aber es genügt auf der andern Seite auch ein Wort oder Blick von ihm, um den

---

[1] Rose, Herbert Jennings: Griechische Mythologie. München: Beck 1955 S.14

[2] Rose, Herbert Jennings: Griechische Mythologie. München: Beck 1955 S.38

[3] E.A. Seemann S. 135

wildesten Sturm zum Schweigen zu bringen.[4] Zu seinen kennzeichnenden Tieren gehören Pferde und Delphine. Ebenso wie Zeus, hat auch Poseidon unzählige Liebesaffären, doch im Gegensatz zu Zeus Söhnen sind Poseidons oft Ungeheuer, so zum Beispiel der einäugige Riese Polyphemos. So entstanden beispielsweise auch die bekannten Wunderrosse Areion und Pegasus. Areion entstand, als Demeter auf der Suche nach ihrer Tochter Persephone war und Poseidon sie dann mit seinem Liebesverlangen verfolgte. Sie verwandelte sich in eine Stute und versteckte sich unter anderen Pferden. Poseidon jedoch durchschaute dies und verwandelte sich in einen Hengst, vereinigte sich mit ihr und sie gebar Areion. Pegasus entstand aus der Verbindung Poseidons mit Medusa, als diese von Perseus enthauptet wurde, war sie schwanger und Pegasus entsprang aus ihrem Rumpf. Poseidons Gemahlin ist Amphritite. Gaia und Pontos zeugten die Kinder Eurybia, Nereus, Thaumas, Phorkys und Keto. Die Titanen Okeanos und Thetys zeugten 3000 Okeaniden darunter Doris. Nereus und Doris zeugten dann 50 Nereiden, darunter Thetis die Mutter des Achilleus und Amphritide. Amphritide und Poseidon zeugten die Töchter Benthesikyme und Rhode sowie den Sohn Triton. Triton tritt mal in der Einzahl und mal in der Mehrzahl auf, erlebt zusammen mit Poseidon und Amphritite im Palast am Boden des Meeres. Er ist halb Fisch und halb Mensch und trägt meist ein Muschelhorn. „Amphritrite wurde von ihrem Gebieter Poseidon selbst zur Gemahlin begehrt. Sie floh vor ihm zu Atlas, dem Sohn des Titanen Iapenos und Bruder des Prometheus, der von Zeus verurteilt worden war, den Himmel auf seinen Schultern zu tragen. Ein kluger Delphin, das Poseidon heilige Tier und von ihm als Kundschafter ausgesandt, spürte Amphritite auf und bewog sie zur Rückkehr und zur Unterredung mit Poseidon. Dieser konnte sie schließlich doch zur Frau gewinnen, und sie gebar ihm den Triton, der von den Hüften an fischleibig war und das Muschelhorn und wie sein Vater die dreizackige Harpune mit sich führte. Mit einem stattlichen Gefolge von Nereiden und Tritonen fuhr Amphritite im Muschelwagen triumphierend über das Meer."[5] Neben Triton oder auch Tritonen zählen auch die Nereiden zu Poseidons Gefolgen nicht zu verwechseln mit den Okeaniden, mit denen sie oft gleichgesetzt werden. Nereiden sind Nymphen des Meeres und stammen von Doris und Nereus ab, während die Okeaniden von Okeanos und Thetys abstammen.

---

[4] Seemann, Otto: Mythologie der Griechen und Römer. 4. Aufl. Leipzig: E. A. Seemann 1895 S.135
[5] Walther, Angelo: Von Göttern, Nymphen und Heroen. Die Mythen der Antike in der bildenden Kunst. Leipzig: Leipzig 1993 S.13/14

3. Neptunbrunnen in Nürnberg

Das Original dieser größten barocken Brunnenanlage nördlich der Alpen wurde 1660 von Georg Schweigger und Christoph Ritter entworfen und bis 1668 von Wolfgang Hieronymus Herold gegossen. Nach dem 30jährigen Krieg, sollte dieser Brunnen ein Symbol des Friedens sein. Durch hohe Verschuldungen der Stadt, musste der Brunnen 1797 an Zar Paul I verkauft werden, ohne dass er jemals in Betrieb genommen wurde. Ende des 19. Jahrhunderts wurden von dem Brunnen Abdrücke gefertigt und ab 1902 stand der Neptunbrunnen dann im Hauptpark. Da der Stifter Ludwig Gerngros Jude war, wurde der Brunnen 1934 mit der Begründung, dass er die Reichsparteitage behindere, von den Nationalsozialisten entfernt. Das Original, durch die Wehrmacht erbeutet, befand sich wieder in Nürnberg. Heute steht der restaurierte Abguss des Neptunbrunnens im Nürnberger Stadtpark.

Abb. 1: Neptunbrunnen in Nürnberg

Poseidon/Neptun hat hier auf diesem Brunnen eine sehr friedliche Haltung. Diese könnte man interpretieren als geglättete Wogen, zumal dieser Brunnen ein Friedenssymbol sein soll. Poseidon als Gott des Meeres steht oben auf und überblickt alles, während sich sein Gefolge um ihn herum sammelt. Dazu gehören zum Beispiel zwei Tritonen, die auf Hippokampoi reiten. Hippokampoi sind Meereswesen, deren Gestalt halb Pferd und halb Fisch sind.

Auf den beiden Wasserspeiern sitzt jeweils eine weibliche Figur. Bei diesen könnte es sich entweder um Nereiden handeln, aber es könnten auch Najaden sein. Najaden sind Quellnymphen und werden dem Süßwasser zugeordnet, während Nereiden genau genommen keine Nymphen sind, ihnen aber doch zugeordnet werden. Nereiden sind hauptsächlich in Meerwasser zu finden, also dem Salzwasser zuzuordnen. Da einer der Nymphen jedoch ein Ruder in der Hand hält, ist es wahrscheinlich, dass es sich hier eher um Najaden handelt.

Abb. 2 u. 3: Nereiden o. Najaden

Nymphen sind schöne und scheue Naturwesen, sie sind dem Tanz und der Musik ergeben, jung und verliebt. Sie verkörpern geringe Kräfte, die die Natur beleben. Zwischen den Tritonen und den Najaden finden sich Putten. Putten kommt vom italienischen putto, was Knäblein bedeutet und dem lateinischen putus, was Knabe bedeutet. Sie werden besonders im Barock gerne für weitere Ausschmückungen genutzt. Hier sind sie auf Wasserdrachen, Delphinen und Seelöwen zu finden.

An den Seiten auf zwei Steinen sitzen zwei weitere Figuren mit jeweils einem Muschelhorn, vermutlich handelt es sich hier um zwei weitere kleine Tritonen.

4. Neptunbrunnen in Bologna

Der Neptunbrunnen in Bologna wurde von 1563 bis 1567 vom flämisch-italienischen Bildhauer Giambologna geschaffen. Der Auftrag kam von Papst Pius IV und die Entwürfe zum Sockel lieferte der Architekt Tomasso Laureti. Auf dem doppelstöckigen Brunnenaufbau steht der ca. 3,35 m große Neptun. Das linke Bein ist aufgestellt und das Rechte ruht noch auf einem Delphin, als steige er von einem Wagen. In seinem rechten, nach hinten geführten Arm hält er den Dreizack. Die linke Hand streckt er beschwörend u. beherrschend nach vorne. Diese Pose geht auf eine Stelle in Vergils Aenäis zurück, in der er die wogenden Wassermassen beruhigt. Am Fuße des Sockels befinden sich auf Delphinen reitende Nereiden, die laktieren. Dies ist vermutlich ein Zeichen der Fruchtbarkeit.

Abb. 4 u. 5: Neptunbrunnen in Bologna, laktierende Nereide

Zu Neptuns Füßen befinden sich vier Putten mit Delphinen in den Armen. Sie verkörpern die Flüsse der bisher vier bekannten Kontinente, den Ganges, den Nil, die Donau und den Amazonas.

Der Brunnen kann als Allegorie der päpstlichen Herrschaft verstanden werden. Neptun verkörpert den Papst. Die schönen geschwungenen Waschbecken mit Muscheln, dienten früher den Marktfrauen zum Waschen ihrer Ware. Noch heute herrscht der Glaube, dass man nach zweimaligen umrunden des Brunnens gegen den Uhrzeigersinn, Glück hat und das einem das Leben freundlich gesonnen ist.

5. Neptunbrunnen in Dresden

Die Entwurfszeichnungen dieses Brunnens stammen von Zacharias Longuelune. Geschaffen wurde er von 1741 bis 1746 von Lorenzo Mattielli. Er befindet sich im ehemaligen französischen Garten des Palais Brühl – Marcolini, dem heutigen Krankenhaus im Stadtteil Friedrichsstadt. Der Brunnen ist ca. 40 m breit. Die Gruppe um Poseidon befindet sich auf einem Muschelwagen. Ganz oben thronen Neptun und seine Gemahlin Amphritite. Neptun hält in seiner rechten Hand einen Lorbeerkranz und deutet mit seiner linken auf etwas. Mit seinem rechten Bein steht er auf einem großen Delphin.

Abb. 6: Mittelgruppe

Der Muschelwagen wird unter anderem von Zephyros gelenkt. Er ist der milde Westwind, ein Sohn des Astraios und der Eos (der Morgenröte). „Ein andres Titanpaar, Krios und Eurybie, hatte drei Kinder, Astraios, Pallas und Perses, deren keinem besondere Bedeutung zukommt. Astraios (Gestirnter) ist bei Hesiod ein weiterer Geliebter der Eos, die ihm die Winde gebar, den Morgenstern und alle anderen Sterne"[6]. Zephyros war den Griechen der säuselnde, schmeichelnde Abendhauch, der durch die Blüten fächelnde Gott. Sie bildeten ihn als Blumenträger und unbekleidet ab. Hier hält er den Dreizack des Neptun. Neben Zephyros

---

[6] Rose, Herbert Jennings: Griechische Mythologie. München: Beck 1955 S.35

wird der Wagen von einer weiteren Nereide gelenkt, die neben Amphritite sitzt. Direkt neben Zephyros befindet sich ein Triton mit einem Muschelhorn.

Am unteren Ende der Muschelgruppe sind zwei Hippokampi zu finden. Keiner der Götter, die vor Poseidon das Meer beherrschten hatten irgendetwas mit Pferden zu tun. Okeaniden und Nereiden mit Namen, die eine Stutennatur verraten wie: Hippothoe oder Hippo sind im griechischen Meer erst erschienen, nachdem Neptun es in seinen Besitz nahm, durch die Hochzeit mit Amphritite. „Eine andere Reihe von Sagen berichtet, wie Poseidon das erste Pferd erschuf oder wenigstens als erster die Kunst, Pferde zu zähmen, einführte. Die Erzählung von Areon ist schon angeführt worden; weitere Pferde anderer, lokaler Sagen waren gleich diesem wunderbare Geschöpfe, geflügelt und mit der Kraft der Sprache begabt.“[7] Etwas weiter von der Mittelgruppe entfernt gibt es große, liegende männliche Figuren. Diese sind die Flussgötter Tiber und Nil. Der Flussgott Tiber ist vor allem berühmt, durch das weltbeherrschende Rom, das an dessen Ufern liegt. Unter dem Flussgott Tiber befindet sich ein Relief, auf dem Romulus und Remus mit der Wölfin abgebildet sind. Laut der Sage war Numitor der König von Alba Longa, einer Stadt im antiken Italien. Numitor wurde von Amulius vom Thron gestoßen und ermordete dessen Sohn. Numitors Tochter Rhea Silvia wurde Priesterin und verband sich mit Mars. Aus dieser Verbindung entstanden die Zwillinge Romulus und Remus. Amulius lies Rhea Silvia ertränken und warf die Zwillinge in einem Weidenkorb in den Tiber. Sie ertranken nicht und eine Wölfin fand die Zwillinge und zog sie auf. Später fand sie ein Hirte, bei dem sie dann lebten und sie lernten ihren Großvater Numitor kennen und stürzten Amulius. Der Flussgott Nil ist nach Homer ein Sohn des Okeanos und der Thetys und somit ein Onkel der Amphritite und ein Cousin des Neptun. Ägypter verehrten ihn als einen der größten Götter, als Vater und Erdhalter des Landes. Auf dem Relief unter dem Flussgott Nil ist eine ägyptische Landschaft mit einer von Kindern umringten Sphinx dargestellt. Typisch für Flussgötter ist eine liegende Position, die den Charakter des Flusses aufgreift, der durch die Landschaft zieht. Meistens haben sie ein Gefäß, das für die Quelle des Flusses steht. Bei größeren Strömen ist es oft auch ein Füllhorn oder Ruder. Ein kleines stück weiter entfernt bilden an jedem Ende zwei große Vasen den Abschluss des Brunnens. Auf diesen sind Sagen um Apollo, Artemis, Dionysos und Pan abgebildet.

---

7 Rose, Herbert Jennings: Griechische Mythologie. München: Beck 1955 S.70/71

6. Neptunbrunnen in Florenz

Der Neptunbrunnen in Florenz steht auf der Piazza della Signora. Er wurde anlässlich der Hochzeit von Francesco I de Medici mit der Großherzogin Johanna von Österreich 1565 baulich begonnen bzw. war der Neptun schon fertig und alles andere wurde provisorisch mit Mörtel ergänzt. 1575 wurde der Brunnen vollendet. Die Neptunfigur ähnelt im Gesicht Cosimo I, dem Vater von Francesco. Der Brunnen ist ca. 5,60 m hoch. Dieser Brunnen sollte die Herrschaft der Florentiner über die See, sowie über die Toskana und das kürzlich erbeutete Siena zum Ausdruck bringen. Man nannte Cosimo auch Biancone, was Adler bedeutet. Neptuns Wagen wird von seinen Rossen gezogen, auf diesem thront er mit kleinen Tritonen.

Abb. 7 u. 8: Neptunbrunnen in Florenz, Gesicht des Neptun (Cosimo I)

Auf dem Sockel sollen sich Abbildungen von Skylla und Charybdis – zwei Meeresungeheuern, die in der Straße von Messina hausen, also einer Meeresenge zwischen Sizilien und Kalabrien auf dem italienisches Festland. Charybdisist ein Meeresstrudel von unwiderstehlicher Gewalt und Skylla war eine Liebelei des Neptun, die von der eifersüchtigen Amphritite durch ein Zauberkraut in ein ungeheuer verwandelt wurde. Sie ist oben eine junge Frau und hat unten die Gestalt von sechs Hunden. „Denn Poseidon umwarb Skylla, die Tochter des Phorkys und der Hekate oder Kratais. Amphritite hörte davon und brachte Zauberkräuter an den Badeplatz ihrer Nebenbuhlerin, durch welche diese von den Lenden abwärts in ein grässliches Ungeheuer verwandelt wurde, das, von einem Kranz Hundeköpfen umgeben, hinfort ein Schrecken für alle Seefahrer war, weil es sie ergriff und verschlang, wenn sie an seiner Höhle vorbeisegelten."[8] An den Ecken des Brunnens sitzen ein alter Triton mit einem Delphin und einem Muschelhorn, ein junger Triton mit einem Delphin und Muschelhorn, eine Nereide mit einer Muschel, einem Delphin und einer Art Muschelkamm im Haar und eine weitere Nereide mit einem Delphin, die vermutlich Thetis darstellen soll. Poseidon und Zeus hatten es beide auf Thetis abgesehen, als sie jedoch erfuhren, dass Prophezeit wurde, ihr Sohn solle mächtiger werden als der Vater, gaben sie ihr den sterblichen Peleus zum Mann und sie gebar Achilleus.

Die Tritonen und Nereiden sind jeweils von Satyren und Faunen umgeben. Deren Körper hat immer tierisches, kleine Hörner, spitze Ohren und Ziegenbeine. Sie sind wollüstig, lieben den Tanz und Lustbarkeit. Sie können auch als mythische Verkörperung des unkultivierten Landes angesehen werden. In Italien werden Satyre und Fauni oft gleichgesetzt. Die Satyre und Fauni gehören nicht direkt zu Poseidons Gefolge, sie halten sich jedoch auch immer dort auf, wo sich Nymphen befinden und lieben sie ungestraft.

---

[8] Rose, Herbert Jennings: Griechische Mythologie. München: Beck 1955 S.64

7. Zusammenfassung

Die barocke Brunnenanlage in Nürnberg wurde schon ab 1660 entworfen und konnte erst ab 1902 seinen geplanten Platz einnehmen, der wegen des Nationalsozialismus wieder verlassen werden muss. Heute ist er im Nürnberger Stadtpark zu finden. Die barocke Brunnenanlage in Dresden wurde zwischen 1741 bis 1746 von Lorenzo Mattielli geschaffen und befindet sich im ehemaligen französischen Garten des Palais Brühl – Marcolini. Der Neptunbrunnen in Florenz steht auf der Piazza della Signora. Er wurde anlässlich der Hochzeit von Francesco I de Medici begonnen und 1575 wurde der Brunnen vollendet. Der Brunnen in Bologna wurde von 1563 bis 1567 vom flämisch-italienischen Bildhauer Giambologna geschaffen. Die Brunnen in Florenz und Bologna sind dienen als Zeichen der Macht. In Florenz soll er die Herrschaft der Florentiner zum Ausdruck bringen und in Bologna ist er eine Allegorie für die päpstliche Herrschaft. In Nürnberg hingegen ist er nach dem 30jährigen Krieg ein Symbol des Friedens. In den Brunnenanlagen wurde nicht nur Neptun/Poseidon verewigt, sondern auch sein Gefolge, welches vor allem aus seinem Sohn dem Triton besteht, der mal in Einzal und mal in der Mehrzahl auftritt, aus den Nereiden, den Töchtern des Okeanos und der Thetys. Darunter auch Poseidons Gemahlin Amphritite. Auch zählen Hippokampoi, Delphine, Meeresdrachen und andere Meeresgeschöpfe zu seinem Gefolge. Oft wird Poseidon mit der Wagenfahrt verbunden, die zu Homers Zeiten eine adlige Form darstellt. Wichtige Artefakte die in den Brunnendarstellungen nicht fehlen, sind Muschelhörner und Poseidons Dreizack. Oft sind die Brunnengestaltungen übergreifend und ausschmückend, so dass auch Putten zur zusätzlichen Verzierung dienen oder Fauni und Satyre, die nicht zu Poseidons eigentlichem Gefolge gehören, mit eingebettet werden. In den Brunnenbauten wird sich indirekt auf viele Sagen bezogen, wie um die Nereide Thetis, Skylla und Charybdis oder auch Poseidons Pferde. In der Brunnenanlage in Dresden werden auch die Flussgötter Tiber und Nil und mit ihnen verbundene Sagen eingearbeitet, so wie weitere um Apollo, Artemis, Dionysos und Pan abgebildet.

8. Quellen

•Cellini, Benvenuto: Kunst und Kunsttheorie im 16. Jahrhundert. Hg. Nova, Alessandro; Schreurs, Anna. Köln: Böhlau 2003

•Preller, Ludwig: Römische Mythologie, Berlin: Athenaion 1990

•Rose, Herbert Jennings: Griechische Mythologie. München: Beck 1955

•Schachermeyer, Fritz: Poseidon und die Entstehung des griechischen Götterglaubens. München: Leo Lehnen Verlag 1950

•Seemann, Otto: Mythologie der Griechen und Römer. 4. Aufl. Leipzig: E. A. Seemann 1895

•Seidler, L. K.: Mythologie der alten Völker, hauptsächlich der Inder, Aegypter, Griechen und Römer. Für die gebildeten Stände, insbesondere für die studierende Jugend und angehende Künstler. Quedlinburg: Basse 1836

•Walther, Angelo: Von Göttern, Nymphen und Heroen. Die Mythen der Antike in der bildenden Kunst. Leipzig: Leipzig 1993

•http://www.neptunbrunnen.desaxe.eu/Geschichte.html

•http://www.urlaubsziele.com/sehenswuerdigkeiten/527/

•http://tourismus.nuernberg.de/sehen-erkunden/sehenswuerdigkeiten/denkmaeler-und-brunnen/d/nuernberger-denkmaeler-und-brunnen-neptunbrunnen.html

•http://www.brunnenturmfigur.de/index.php?cat=Brunnen%20und%20Wasserspiele&page=DD_Neptunbrunnen

•http://www.imperiumromanum.com/religion/antikereligion/flussgoetter_01.htm

•http://www.abbbo.it/Depliant/Mezzagiornatatedesco.pdf

•http://imperiumromanum.com/religion/antikereligion/nymphen_02.htm

9. Bildnachweis

1. Neptunbrunnen in Nürnberg –http://photos.wikimapia.org/p/00/00/10/31/30_big.jpg (Google Bilder)
2. Nereide o. Najade 1 – https://c2.staticflickr.com/6/5134/5395581461_d68b031251_b.jpg
3. Nereide o. Najade 2 – https://www.flickr.com/photos/www-gohip-de/5083373877/
4. Neptunbrunnen in Bologna – https://c1.staticflickr.com/3/2005/2143045237_694c3c046c_b.jpg
5. Laktierende Nereide – https://farm8.staticflickr.com/7158/6826145203_af0d2ea7a2.jpg
6. Mittelgruppe Neptunbrunnen in Dresden - http://4.bp.blogspot.com/_hyMAHRDzt_I/TJM4i8pnrkI/AAAAAAAAHSA/ThzEHfO qeyw/s320/3.JPG
7. Neptunbrunnen in Florenz – http://www.talk-around-the-world.com/wp-content/uploads/2013/04/Florenz_44.jpg
8. Gesicht des Neptun (Cosimo I) – http://www.brunnenturmfigur.de/kategorien/20_Brunnen%2520und%2520Wasserspie le/dateien/fullsize_Florenz_Neptun1_02.jpg

BEI GRIN MACHT SICH IHR WISSEN BEZAHLT

- Wir veröffentlichen Ihre Hausarbeit,
  Bachelor- und Masterarbeit

- Ihr eigenes eBook und Buch -
  weltweit in allen wichtigen Shops

- Verdienen Sie an jedem Verkauf

Jetzt bei www.GRIN.com hochladen
und kostenlos publizieren